E
F
G
L
N
M
O
T
S
Y
U
X
Z

Liebe Mütter, liebe Väter, liebe Omas,
liebe Opas, liebe Tanten, liebe Onkel,
liebe Lehrerinnen und Lehrer!

Kinder, die zu lesen beginnen, greifen gerne zu Büchern. Sie entdecken, dass Wörter Geschichten ergeben, und wollen selbst lesen.

Die Ich-lese-selbst-Bücher aus der G&G-Lesezugreihe unterstützen diese Motivation und Freude durch ihr besonderes Konzept.
Die Bücher sind in vier Kapitel eingeteilt, in denen sich die Textlängen mit den Kapiteln steigern.
Im ersten Kapitel liest das Kind einen einfachen Satz pro Seite, der durch eine große Illustration unterstützt wird.
Im vierten Kapitel liest es schon vier Zeilen mit schwierigeren Wörtern. Dies entspricht dem natürlichen Verhalten eines Erstlesers.
Die Geschichten regen nicht nur durch ihre Inhalte, sondern auch durch ansprechende Illustrationen zum Weiterlesen an.

Viel Freude beim Lesen und Unterstützen Ihrer Kinder!

Ihr G&G Verlag
Lesepädagogisches
Lektorat

Besonders möchten wir Sie darauf hinweisen, dass der G&G-Lesezug vom **Österreichischen Buchklub der Jugend** empfohlen wird!

Gabriele Rittig

Nur Mut, Lara!

Mit Illustrationen von
Stéffie Becker

G&G

Von Gabriele Rittig im G&G-Lesezug weiters erschienen:

„Mein Pony heißt Bonny“, Lesezug 1. Klasse, ISBN 978-3-7074-1999-3
„Finja, ein Hund mit Herz und cooler Schnauze“, Lesezug 2. Klasse, ISBN 978-3-7074-2559-8
„Hilfe, Piraten!“, Lesezug 2. Klasse, ISBN 978-3-7074-2346-4
„Valerie Vampir – Flughund vermisst“, Lesezug 2. Klasse, ISBN 978-3-7074-2168-2
„Valerie Vampir muss zum Zahnarzt“, Lesezug 2. Klasse, ISBN 978-3-7074-2035-7
„Erik, der Wikinger. Abenteuer auf hoher See“, Lesezug 2. Klasse, ISBN 978-3-7074-2094-4
„Das Geheimnis des schwarzen Einhorns“, Lesezug Profi, ISBN 978-3-7074-1872-9
„Waldhof Vier Pfoten“, Lesezug-Profi, ISBN 978-3-7074-1446-2

Begleitmaterial zu diesem Buch finden Sie unter
www.lesezug.at
zum Gratis-Download!
Weitere Informationen siehe Seite 40.

www.ggverlag.at

www.lesezug.at

ISBN 978-3-7074-2267-2

In der aktuell gültigen Rechtschreibung

2. Auflage 2023

Reihengestaltung und Vor- und Nachsatz: Carola Holland
Illustration: Steffie Becker

Gesamtherstellung: Imprint, Ljubljana

Inhalt

Das ist Lara

Lara ist 6 Jahre alt.

Sie geht in die Schule.

Lara mag Musik.

Sie singt gerne.

Sie singt den ganzen Tag.

Sie singt in ihrem Zimmer.

Sie singt in der Küche.

Lara singt im Bad.

Sie singt sogar auf dem Klo.

Lara singt überall.

Laras Traum

Lara hat einen Traum.
Sie will Sängerin werden.

Wie die im Fernsehen.
Oder die im Radio.

Sie sagt es ihrer Mama.
Sie sagt es auch ihrem Papa.

Papa und Mama helfen Lara.
Sie finden das toll.

Lara sagt es Niki.
Niki ist ihr kleiner Bruder.

Er ist noch ein Baby.
Niki hört zu und lacht.

Manchmal weint Niki.
Dann singt Lara ihm etwas vor.

Und Niki hört auf zu weinen.
Er hört Lara gerne singen.

Oma und Opa wohnen
im selben Haus.

Oft singt Lara ihnen etwas vor.
Oma und Opa mögen das sehr.

Das Geheimnis

In der Schule sitzt Lara neben Nina. Nina ist ihre beste Freundin. Lara kann Nina alles sagen.

Nina weiß, dass Lara Sängerin werden will. Lara hat es ihr gesagt. Nina kennt aber auch Laras Geheimnis.

Lara hat ein Problem.
Lara traut sich nur
vor ihrer Familie zu singen.

Nina kennt das.
Sie will Lara helfen.
Sie hat eine gute Idee.

Lara soll beim Singen
die Augen zumachen. Dann
kann sie niemanden sehen.

Die Idee gefällt Lara.
Sie will es probieren.
Nina findet das sehr mutig.

Zuhause übt Lara
vor dem Spiegel. Sie singt
ein Kinderlied. Sie tanzt dazu.

Lara singt das Lied
in der Schule vor. Sie macht
die Augen zu und es klappt!

Der Auftritt

Bald beginnen die Ferien.
In der Schule findet
ein Fest statt. Auch die Eltern
sind eingeladen.

Alle Kinder wollen mitmachen.
Sie bereiten sich seit Wochen
darauf vor. Nina spielt Flöte
und Lara singt ein Lied.

In der Turnhalle sind Ballons und Blumen. Die Eltern sitzen schon auf den Sesseln.
Alle warten gespannt.
Dann beginnt das Fest.

Peter sagt ein Gedicht auf.
Irene und Anna tanzen.
Dann ist Lara an der Reihe.
Sie ist sehr, sehr aufgeregt.

Lara steht auf der Bühne.
Auf einmal traut sie sich nicht
zu singen. Sie macht die Augen
zu. So wie Nina es gesagt hat.
Aber sie singt sehr leise.

Nina spielt Laras Lied
auf der Flöte. Das hört Lara
und öffnet die Augen.
Lara beginnt lauter zu singen.

Lara singt wunderbar.
Dann ist das Lied zu Ende.
Alle jubeln und klatschen.
Lara bedankt sich bei Nina.

Die beiden machen
ab jetzt gemeinsam Musik.
Sie nennen sich:

Gratis auf unserer Website: Begleitmaterial zum Download

Übungen zum Textverständnis, Wortschatzübungen, Schreibanlässe, Wörterbucharbeit und vieles mehr – genau angepasst an die jeweilige Schulstufe!

Beispielseiten aus dem Band „Nina ist neu in der Schule" von Ulrike Motschiunig

Alle Lesezug-Bücher finden Sie unter

www.lesezug.at

ISBN 978-3-7074-2558-1

1. Klasse, ab 5/6 Jahre

ISBN 978-3-7074-2353-2

1. Klasse, ab 5/6 Jahre

ISBN 978-3-7074-2239-9

1. Klasse, ab 5/6 Jahre

ISBN 978-3-7074-2468-3

1. Klasse, ab 5/6 Jahre

ISBN 978-3-7074-2425-6

1. Klasse, ab 5/6 Jahre

ISBN 978-3-7074-2065-4

1. Klasse, ab 5/6 Jahre

ISBN 978-3-7074-2198-9

1. Klasse, ab 5/6 Jahre

ISBN 978-3-7074-2033-3

1. Klasse, ab 5/6 Jahre

ISBN 978-3-7074-1999-3

1. Klasse, ab 5/6 Jahre

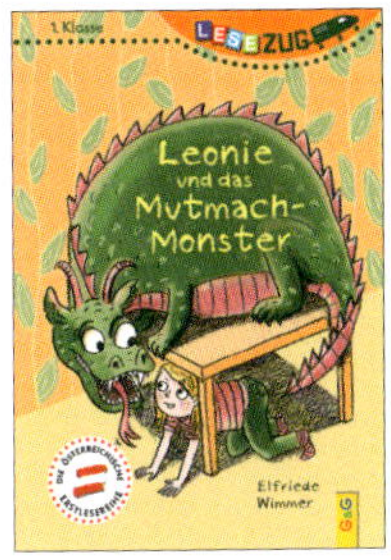

ISBN 978-3-7074-2126-2

1. Klasse, ab 5/6 Jahre

ISBN 978-3-7074-1969-6

1. Klasse, ab 5/6 Jahre

ISBN 978-3-7074-2167-5

1. Klasse, ab 5/6 Jahre

ISBN 978-3-7074-2001-2

1. Klasse, ab 5/6 Jahre

ISBN 978-3-7074-2345-7

1. Klasse, ab 5/6 Jahre

ISBN 978-3-7074-2103-3

1. Klasse, ab 5/6 Jahre

ISBN 978-3-7074-2125-5

1. Klasse, ab 5/6 Jahre

ISBN 978-3-7074-2166-8

1. Klasse, ab 5/6 Jahre

A
C
B
D
H
I
Q
J
P
K
R
V
W